CATECHISME
EN VERS, *in. 41:*
SUR
LES SACREMENTS
DE LA
PENITENCE,
ET DE
L'EUCHARISTIE.

Contenant les dispositions necessaires
pour recevoir avec fruit ces deux
Sacrements.

*Ut destruatur Corpus peccati, & ultrà non
serviamus peccato.* Rom. 6°.

A DIJON,
Chez CLAUDE MICHARD Imprimeur, & Marchand
Libraire, au dessus de la Place S. Estienne,
à l'Enseigne S. Jean l'Evangeliste.

AVIS.

POur ne rien mêler de Profane, dans le Corps de ces Instructions, qui sont toutes Chrêtiennes, on a crû devoir mettre au commencement de ce Livre, les Airs sur lesquels se peuvent chanter les Vers de ce Petit Catechisme.

Tous ceux qui sont sur le Sacrement de Penitence, se Chanteront : Sur l'air J'entends déja le bruit des armes, &c.

Ceux de la Communion, se Chanteront : Sur l'air des Ilices d'Espagne.

CATECHISME
EN VERS,
SUR
LE SACREMENT
DE LA
PENITENCE

D. **Q**UEST-CE *que la Peni-*
tence, & à qui est-elle
necessaire ?

R. Au peché quiconque s'engage,
- Perd l'innocence & le repos,
Qu'il se soûmette avec courage,
A la Penitence au plûtôt,
C'est la Planche aprés le naufrage,
L'unique remede à nos maux.

D. *Combien y à t'il de choses necessaires*

pour le Sacrement de Penitence ?

R.   Le Sacrement de Penitence,
Veut cinq choses dans le pecheur,
L'Examen de sa conscience,
Le bon propos plein de douleur,
Puis-qu'il confesse châque offence,
Et satisfasse à la rigueur.

D.   *Comment faut-il faire l'Examen de*
Conscience ?

R.   Cét Examen si necessaire,
Donne au peché les premiers coups,
Voicy comment il le faut faire,
Mettez-vous d'abord à genoux,
Et loin du bruit par la priere,
Attirés l'Esprit faint en vous.

D.   *Quelle Priere faut-il faire ?*

R.   Esprit saint, Esprit adorable,
J'implore humblement vos Bontés,
Soyés à mes vœux favorable,
Et donnés moy par vos clartés,
La connoissance veritabl e,
De toutes mes iniquités.

D. *Surquoy faut-il s'examiner ?*

R.　Il faut examiner ensuite,
Tous les divins Commandemens,
Les pechés Capitaux de suite,
Le mauvais usage des sens,
Parcourant de nôtre conduite,
Les œuvres & les manquemens.

D. *Quels sont les sept pechés Capitaux ?*

R.　L'Orgueil, l'amour de la richesse,
L'impureté source de maux,
Du bonheur d'autruy la tristesse,
L'excez de bouche en bons mor-
　　ceaux,
La colere avec la paresse,
Sont les sept pechés Capitaux.

D. *N'est-il pas necessaire d'examiner
les circonstances ?*

R.　Outre chaque faute commise,
Par l'esprit, la langue, ou la main,
Il faut encore que l'on déduise,
Nombre, lieux, temps, espece, & fin,

Voler par exemple à l'Eglife,
C'eft facrilége & larrecin.

D. *Ne faut-il pas examiner tous les*
Pechés de fon Etat ?

R. Il faut tâcher à reconnoître,
Tous les pechés de vôtre état,
Garçon, Marié, Veuf, où Prêtre,
Artifant, Marchand, Magiftrat,
Journalier, Domeftique, ou Mai-
tre,
Dans la Pouffiére ou dans l'éclat.

D. *Faut-il mettre beaucoup de temps à*
s'examiner ?

R. On doit mettre un temps raifon-
nable,
A voir fes péchez differends,
Le pécheur fe rend tres coupable,
Qui par fa faute en tait de grands,
Et le Confeffeur charitable,
Ne fert de guere aux négligents.

D. *Suffit-il de s'examiner pour fe con-*
feffer ?

R. Quand on a connu la malice,
Et tous les replis de son cœur,
Il ne faut pas que l'on se glisse,
Si tôt aux pieds du Confesseur,
Mais qu'avec soin l'on en gemisse,
Et qu'on s'excite à la douleur.

D. Quelle doit être nôtre douleur ?

R. Nôtre douleur doit être amere,
Et pleine de confusion,
D'avoir merité la colere,
D'un Dieu si grand, d'un Dieu si bon
Prests à tout souffrir & tout faire,
Pour en obtenir le pardon.

D. Formés un Acte de Contrition ?

R. O Dieu de Majésté suprême,
Mon cœur pénétré de regret,
Gemit, vous recherche, & vous aime,
Je suis résolu desormais,
De souffrir plûtôt la mort même,
Que de vous offencer jamais.

*D. Pour quelle raison devons nous avoir
de la douleur ?*

R.   Le peché, ce monstre effroyablé,
A donné la mort au Sauveur,
Il change un bien faicteur aimable,
En un Juge plein de fureur,
Par une haine veritable,
Bannissons le de nôtre cœur.

D.   *A quoy connoîtrons nous que nous haïssons le peché & que nous avons une bonne resolution de le quitter?*

R.   Du peché si l'on à la haine,
On fuira les occasions,
Nous romprons la fatale chaine,
Des Criminelles actions,
Evitant ce qui nous entraîne,
Vers l'objet de nos passions.

D.   *Donnez-moy une comparaison?*

R.   Quiconque apprehende la peste,
Ou quelque mal contagieux,
Evite avec soin l'air funeste,
Et des personnes & des lieux,
Qui hait le crime & le deteste,
En fuit les attraits dangereux.

D.   *Comment doit on se confesser?*

R.   Puis il faut qu'un pecheur s'ac-
      cuſe,
De ſes crimes les plus ſecrets,
Que ſur perſonne il ne s'excuſe,
Et qu'il n'en cache rien jamais,
Autrement helas il s'abuſe!
Dieu ne luy donne point ſa paix.

D.   *Dans quels ſentimens le pecheur doit-*
il ſe confeſſer?

R. Il doit ſe mettre aux pieds du Prêtre
En poſture de criminel,
Son humilité doit paroître,
S'il ſe regarde comme tel,
Sa douleur ſe fera connoître,
Par un ſoûpir continuel.

D.   *Ne peut-on pas refuſer la penitence*
qu'on donne?

R.   Au Directeur quoy que ſevere,
Le Penitent ſe ſoûmettra,
Plus la medecine eſt amére,
Plûtôt elle le guérira,
Si la penitence eſt legére,

B

Dans ses crimes il viellira.

D.	*Quelles qualités doit avoir le Con-*
	fesseur

R.	Le Prêtre dans cette occurrence,
Est Juge, & Pere, & Medecin,
Le Juge veut venger l'offence,
Le Pere lui retient la main,
Le Médecin plein de prudence,
S'il tranche c'est à bon dessein.

D.	*N'y à-t'il plus rien à faire quand on*
	s'est confessé?

R.	Le Pénitent doit satisfaire,
A Dieu justement irrité,
Et par jeûne, aumône & priere,
Tâcher d'attirer sa bonté,
Souffrant maladie & misere,
Avec beaucoup d'humilité,

D.	*Ne doit-on satisfaire qu'à Dieu?*

R.	Il faut aussi qu'il se prépare,
A satisfaire à son prochain,
Et qu'à la rigueur il répare,
Les médisance & larrecin,

Qui ne satisfait pas s'égare,
Et ne se confesse qu'en vain.

CATECHISME

Sur les dispositions à la sainte Communion.

D. Qu'est-ce que le Sacrement de l'Eucharistie ?

R. Le Sacrement qu'on nomme Eucharistie,
Contient JESUS, source de sain-
teté,
Ce Dieu Sauveur plein de gloire &
de vie,
Son Corps, son Ame, & sa Divinité.

D. *Quand est-ce que N. S. a institué ce Sacrement & pour quelle raison ?*

R. Prest à passer de ce monde à son
Pere,

Il établit ce Sacrement d'amour,
Pour nous nourir dans ce lieu de
    misere,
Nous consoler & s'offrir chaque
    jour.

D. *Le Corps & le Sang de Nôtre Sei-
    gneur sont-ils également sous cha-
    que espece ?*

R. Le pain, le vin, gardant leurs ap-
    parences,
Figure, goût, & blancheur, & ron-
    deur,
Jesus les change en sa propre sub-
    stance,
Ce voile cache à nos yeux le Sau-
    veur.

D. *Quel changement se fait dans l'Eu-
    charistie ?*

R. De Jesus-Christ ô puis-
    sance infinie !
Le pain devient Corps & Sang à la
    fois,

Ce

Ce même corps qui naquit de Ma-
rie,
Ce même Sang qu'il versa sur la
Croix.

D. *Jésus-Christ est-il dans toute sa gran-*
deur ?

R. Il se réduit tout entier en l'Ho-
stie,
Quand on la rompt, il n'a point de
douleur,
Mais il se trouve en la moindre par-
tie,
Et ne perd rien jamais de sa grandeur.

D. *Quand est-ce que Jésus-Christ se trou-*
ve dans l'Eucharistie ?

R. L'Humble JESUS, nôtre ado-
rable Maître,
Pour accomplir le Divin Sacrement
Vient obeïr au plus indigne Prêtre,
A cette voix se rend exactement.

D. *Quelles sont les dispositions pour bien*
Communier ?

C

R. Pour reçevoir ce Sacrement aimable,
Disposés bien vôtre ame & vôtre
corps,
D'aucun peché ne vous sentés coupable,
Pour être pur faites tous vos efforts.

D. *Dans quel malheur s'engagent ceux*
qui communient en peché mortel?

R. Qui du Sauveur avec une ame
impure,
Oze approcher mange son juge-
ment,
En un poison change sa nourriture,
N'approchés donc qu'avecque
tremblement.

D. *Que faut-il faire pour éviter ce mal-*
heur ?

R. Eprouvés vous, pleurés cœurs in-
flexibles,
Auparavant que d'aller à l'Autel,
Vous commettrés un sacrilege hor-
rible

Si vous avés un feul peché mortel.

D. *Eft-il facile à une perfonne qui eft en peché mortel de fe difpofer à Com-munier ?*

R. Changés de vie & faites peni-tence,
Si vous craignes ce terrible malheur
Purifiés long-temps la Confcience,
Où vous devés recevoir le Sauveur,

D. *Suffit-il de n'avoir point de peché mortel ?*

R. Ne faites rien Chrêtien à la legere,
Et pefés bien cette grande action,
Brulés pour Dieu d'une ardeur tres-fincere,
Excités vous à la devotion.

D. *Quelle pratique doit on fuivre pour s'exciter à la devotion*

R. Trois jours au moins veillés bien fur vous même,
Recüeillés vous, ornés vous de ver-tus,
Soir & matin avec un foin extrême,

Fuïés fur tout les difcours fuperflus.

D.   *Comment doit-on marquer le defir que l'on à de Communier ?*

R.   Plus l'on eft prêt de la fainte jour-
née,
Et plus on doit exciter fa ferveur,
Dés le reveil de cette matinée,
Concevés bien qu'el eft vôtre bon-
heur.

D.   *Que faut il faire immediatement avant que de Communier ?*

R.   Avec ardeur entendés bien la
meffe,
Puis produifez tous les Actes fui-
vans,
A les former que vôtre cœur s'em-
preffe,
Dieu voit du cœur les moindres
mouvemens.

D.   *Faites un Acte de Foy ?*

R.   Divin JESUS, mon Sauveur
adorable,
Au Sacrement c'eft vous que l'on
reçoit,

C'eſt vôtre Corps , vôtre Sang ve-
ritable,
Et rien ne peut me ravir cette Foy.
D.	*Faites un Acte d'adoration ?*
R.	Je reconnois mon néant ma mi-
ſere,
Je me confonds devant vous Dieu
d'amour ,
Je vous adore en ce Divin Miſtere,
Avec l'Egliſe & la Celeſte Cour.
D.	*Faites un Acte de Contrition ?*
R.	Dieu de mon cœur helas eſt-il
poſſible ,
Que je vous aye offencé tant de fois?
J'en ay Seigneur un regret tres- ſen-
ſible,
Plûtôt mourir que d'enfraindre vos
Loix ,
D.	*Faites un Acte d' Amour?*
R.	Dieu de bonté faites que je vous
ayme,
Que je reponde à vôtre amour ſa-
cré ,
Par pur amour vous vous donnez
vous même,

De ce feu saint mon cœur est pene-
tré.

D. *Faites un Acte de Desir?*

R. Un cerf lassé dans une soif pres-
sante,

Cherche une source avec empressement,

Divin Sauveur mon ame languis-
sante,

Vers vous soupire encor plus ar-
demment.

D. *Que faut-il faire après la sainte Com-*
munion ?

R. Quand vous aurés reçeu le pain
de vie

Ce grand trésor Jesus-Christ,
homme Dieu,

Retirés vous avecque modestie,
Et loin du bruit choisissés quelque
lieu.

D. *Doit - on sortir de l'Eglise aussi - tôt*
aprés que l'on à Communié ?

R. Malheur à ceux de qui l'ame vo-
lage,

Ne goute point ce Divin Sacrement

Qui du Sauveur ne font aucun usage
Et que l'on voit sortir si prompte-
ment.

D. *Comment faut-il remercier nôtre Sei-*
  gneur ?

R. Vous repandrés vôtre ame en sa
  presence,
En l'adorant au fond de vôtre cœur,
Marqués luy bien vôtre reconnois-
sance
Et profités d'un aussi grand bonheur.

D. *Ne faut-il pas demander quelque cho-*
 se à nôtre Seigneur aprés la sainte
 Communion ?

R. Dites cent fois mon Sauveur je
  vous aime,
Tous mes besoins helas vous sont
  connus,
Ayez pitié de ma misere extrême,
Accordes moy vos Divines vertus.

D. *Quelles vertus faut-il demander, par-*
 ticulierement à nôtre Seigneur ?

R. L'humilité, l'esprit de penitence,
La charité, la paix & la douceur,

Et le grand don de la perseverance
Sont les objets des desirs de mon
     cœur.

D. *Pour qui faut-il prier aprés la sainte
     Communion?*

R. Priés pour vous & pour toute
     l'Eglise
Pour vos Pasteurs, vos parens, vos
     amis,
Ne craignés point que sa bonté s'e-
     puise,
N'oubliés pas même vos ennemis.

D. *Comment faut-il finir son action de
     grace?*

R. Vous le prierés pendant un bon
     quart d'heure
Le Sacrement étant tout consumé,
Que par sa grace avec vous il de-
     meure,
De son esprit Paroissés animés.

CANTIQUE

Sur le defir de la fainte Communion,
Sur l'air, *J'entends déja le bruit*
des armes, &c.

I

LE Dieu Sauveur à nous fe donne,
Dans un Sacrement tout d'amour
Et l'on ne voit prefque perfonne,
Qui fe donne à luy fans retour,
Avec juftice l'on s'étonne,
Qu'on luy faffe fi peu la cour.

II

Cette Majefté fi terrible,
Pour repofer dans nôtre cœur
Cache fous un voile fenfible,
Et fon éclat & fa grandeur,
Que nôtre cœur eft infenfible,
Aux traits de la divine ardeur.

D

III.

JESUS, de cette auguste table,
A voulu nous faire un devoir,
Et ce trésor incomparable,
Est Toujours en nôtre pouvoir,
Ah que le Chrêtien est coupable,
Qui ne veut pas le recevoir.

IIII.

C'est le pain de chaque journée,
Le pain des saints & des vivans,
Ah qu'une ame est infortunée,
Qui n'en mange que tous les ans,
Cependant c'est la destinée,
De ces lâches Chrêtiens du temps.

V.

Approchés vous de ce Mystere,
Avec un grand empressement,
Plus on a soin de le bien faire,
Plus on peut le faire souvent
C'est la nourriture ordinaire,
D'un Chrêtien qui vit saintement.

VI.

Mais Chrétien ſi l'on vous invite,
A cet admirable feſtin,
Il faut que dans vôtre conduite,
Tout ſoit épuré, tout ſoit ſaint,
Que JESUS, vous rendant viſite,
En vous ne vienne point en vain.

FIN

www.ingramcontent.com/pod-product-compliance
Lightning Source LLC
Chambersburg PA
CBHW051200050726
47594CB00007B/2981